◆印は不明確な年号、ころの意味です。

文化	世界の動き		西暦
1120 ◆『今昔物語』			1100
1124 中尊寺金色堂できる			
1140 西行、出家する			
			1150
1164 平清盛、蓮華王院を建立			
1169 後白河上皇『梁塵秘抄』	1167 ロンバルジア同盟結成		
1175 法然、専修念仏を唱える			
1176 運慶『円成寺大日如来像』			
1181 『鴨長明集』			
1188 藤原俊成『千載集』	1189 第3回十字軍		
1190 ◆西行『山家集』			
1191 栄西、臨済宗を伝える			
1200 北条政子、鎌倉に寿福寺を建立	1202 第4回十字軍		1200
1202 栄西、建仁寺創建			
	1204 ラテン帝国成立		
1205 藤原定家『新古今和歌集』編集	1206 チンギス・ハン、全モンゴル統一		
1213 ◆源実朝『金槐和歌集』			
1220 ◆慈円『愚管抄』	1215 イギリス＝マグナ・カルタ制定		
1220 ◆『保元物語』『平治物語』			
1224 親鸞『教行信証』			
1227 道元、曹洞宗を伝える	1228 第5回十字軍		
1235 藤原定家『小倉百人一首』選ぶ	1241 リーグニッツの戦い		
1244 波多野義重、越前大仏寺を建立	1248 第6回十字軍		
			1250

目　次

平清盛	文・大塚夏生 絵・鮎川　万	6
源頼朝	文・大塚夏生 絵・木村正志	20
源義経	文・大塚夏生 絵・鮎川　万	34
西　行	文 有吉忠行　絵 福田トシオ	48
法　然	文 有吉忠行　絵 福田トシオ	50
北条時政	文 有吉忠行　絵 福田トシオ	52
栄西と道元	文 有吉忠行　絵 福田トシオ	54
運　慶	文 有吉忠行　絵 福田トシオ	56
藤原定家	文 有吉忠行　絵 福田トシオ	58
北条泰時	文 有吉忠行　絵 福田トシオ	60
読書の手びき	文 子ども文化研究所	62

せかい伝記図書館 21

平　清盛
源　頼朝
源　義経

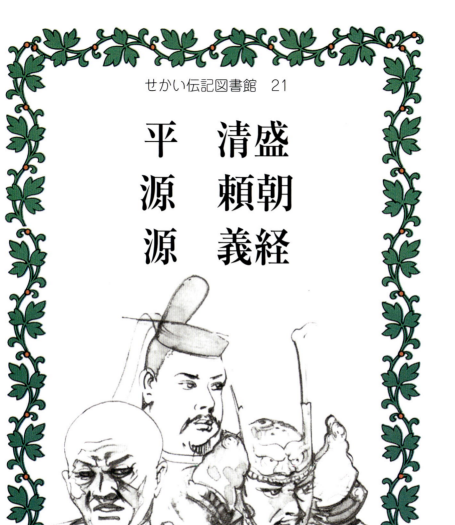

いずみ書房

平 清盛
（1118―1181）

保元・平治の乱に勝ち、はなやかな平氏の貴族的全盛時代を築いた平安時代末期の武将。

●平氏のとうりょうの子

　鎌倉時代につくられた『平家物語』は、権力をにぎって栄えた平氏一門が、源氏との戦いに破れて、滅びていくようすがえがかれた戦記物語です。

　物語のなかには、すべてのものは移りかわっていくという考えが流れています。勢いがさかんであった平氏も長くはつづかず、ついには消えていく運命にあったのです。その滅びゆくもののあわれさや美しさは、人の心をとらえて、700年以上たった今も読みつがれています。

　平清盛は、1118年に京都で生まれました。貴族が支配していた平安時代から、武士が権力をもつ鎌倉時代へ、移りかわろうとしていたときです。

　清盛は平忠盛を父として育ちました。しかしほんとうの父は、白河法皇だといわれています。

　忠盛は桓武天皇の血をひく武士でした。最初は地方の国司をつとめ、いくつかのてがらをたてるうちに、朝廷に出入りができる身分にまでなりました。
　平安時代は、藤原氏を中心にした貴族が、日本をおさめていましたが、10世紀のなかごろになると、大きな反乱が起こり、地方政治は乱れました。
　地方の豪族や荘園の名主たちは、自分の土地や財産を守るために武装を始め、それらは武士の力を大きくのばす結果になっていきました。
　武士たちは、国司や貴族の兵としてやとわれましたが、はじめはたいへん低い身分でした。

各地にできた武士団は、出世の望みをなくした貴族たちが、都から地方へ下ってくると、少しずつまとまっていきました。とくに勢いがあったのが、源氏と平氏でした。清盛の父忠盛は平氏のとうりょう（武士団の頭）です。
　武士の忠盛がしだいに力をもってきたことを、貴族はよろこぶはずがありません。しかし瀬戸内海の海ぞくを討ちほろぼして活躍をつづける忠盛の名は、高まるばかりです。
　この父のおかげで、清盛は、11歳のときにはやくも、従五位下という位につきました。朝廷に出入りがゆるされたのは、それから３年ごです。そして清盛は父の出世とともに、次つぎと高い位にのぼっていきました。
　忠盛が亡くなったのは、清盛が35歳のときです。清盛はあとをついで、平氏のとうりょうになりました。

● **保元の乱の武士**

　天皇の位で政治をおこなうと、朝廷や摂関家などにおさえられるために、位を次の天皇にゆずり、自分は上皇となって政治をおこなうことを院政といいます。
　院政は11世紀後半から始まりましたが、権力をふるいたい藤原氏や貴族たちは、反感をもちました。そして、院や朝廷などと対立を起こすようになり、武士の力をか

りて争うこともおおくなってきました。
　1156年、清盛が38歳のときです。次の天皇をだれにするかということについて意見が割れ、藤原氏のなかでも、摂政、関白の地位争いがおこりました。後白河天皇と、崇徳上皇のふたつの派に分かれ、武士をだきこんでの戦いになりました。
　これが保元の乱です。清盛は、源義朝とともに後白河天皇につきました。崇徳上皇には、清盛の叔父の忠正と義朝の父や弟がつきました。
　天皇や貴族の争いでしたが、源氏も平氏も、父と子、兄と弟、叔父とおい、それぞれ敵と味方にわかれて、

殺しあわなければなりませんでした。
　その結果、後白河天皇が勝ち、敗れた上皇がわのものたちには、たいへんきびしい処罰がおこなわれました。
　清盛は、ほうびとして、播磨（兵庫県）の国守に任命されました。
　義朝も、朝廷への出入りがゆるされ、左馬頭に任命されましたが、清盛よりはたらきが大きかったわりに、ほうびが少なくて不満でした。しかも義朝は、崇徳上皇に味方をした父をはじめ、源氏の一族を殺さなければならない、つらいめにあったのです。

● 平治の乱

　保元の乱で勝った後白河天皇は、まもなく二条天皇に位をゆずり、上皇となって院政を始めました。
　上皇のそば近くには、ふたりの力のある貴族がいました。藤原信西と藤原信頼です。とくに信西は、才能ゆたかな学者でもあり、政治力もありました。
　義朝は、清盛の出世にくらべて、自分が冷たくあつかわれているのに、はらがたってしかたありません。そこで信西と協力して、清盛をおさえようと考えました。
　まず義朝は、信西と手をむすぶために、娘のむこに信西の息子をもらう申し込みをしました。しかし、信西は

「私の家は貴族の家柄です。武士の家に息子はやれません」とことわりました。

　ところが信西は、清盛に対しては、こころよく息子をむこにさし出しました。清盛も武士です。義朝はかんかんに怒り、しかえしをたくらみました。

　1159年、清盛が熊野（和歌山県）まいりのため、京都をはなれたすきをねらって、義朝は、信西と対立していた信頼と手をむすんで、むほんを起こしました。まず後白河上皇と二条天皇をとじこめ、信西を殺しました。

　これが平治の乱といわれる戦いの始まりです。

　このできごとの知らせで、清盛はいそいで都にもどり

ました。しかし上皇と天皇がとらわれています。今、義朝らに戦いをいどむと、朝廷を攻めたことになり、ぞく軍といわれて、たいへん不利になります。

　そこで清盛は、敵にこうさんしたふりをしました。ゆだんをさせておいて、天皇を救い出すことにしたのです。清盛の作戦は、うまくいきました。天皇と上皇が、清盛についたことで、大きな力になり、一気に義朝の軍を討ち破りました。この戦いで、清盛の子重盛は、たいへん活躍しました。

　清盛は、関東をめざして落ちのびようとする義朝を、途中で捕えて殺させました。また、義朝のほか、源氏のおもな人たちも、次つぎに殺しました。ただ、義朝の子で12歳の頼朝と、牛若とよばれていた1歳の義経は、まだ幼いため、命だけは助けました。

　この平治の乱では、武士が、政治の流れをきめる時代になったことを、はっきりあらわしました。

●貴族のような平氏

　清盛に対抗できるような武士は、もうだれもいません。源氏をおさえ、殺された信西のように力をもった貴族もいなくなりました。

　平治の乱のよく年、清盛は、正三位参議となり、武士

としては初めて位の高い貴族にとりたてられ、朝廷で大きな力をもつようになりました。また、その次の年には、清盛の妻の妹が、後白河上皇との間に憲仁親王を産みました。親王が皇太子になるとまもなく、清盛は太政大臣になりました。49歳のときのことです。

　このような早い出世を、貴族たちは、ねたみに思うはずでした。ところが、清盛は、たいへんよい評判です。天皇がいながら、じっさいの国の政治は上皇の院政によって進められるという、まるで朝廷が2つあるようなふくざつな時代でしたが、清盛には、この時代をじょうずにのりきる才能がありました。

3か月あまりで、太政大臣をしりぞいた清盛は、50歳になった年に、重い病気にかかってしまいました。そのあと清盛は、出家をして仏門に入ります。
　ところが、清盛は、とつぜん権力をふりかざし、自分の思うままの政治をおこなおうとしました。
　後白河上皇と協力して、清盛のおいにあたる憲仁親王を天皇の位につけて高倉天皇とし、数年ごには清盛の娘の徳子を、高倉天皇にとつがせました。このとき、高倉天皇は、まだ10歳の若さでした。
　平氏の頭である清盛の勢いとともに、平氏一族はめざましい出世をして栄えました。「平氏でなければ、人間ではない」とまでいって、その勢力をほこりました。
　りっぱな屋敷に住んで、したいほうだいにしている平氏を見た人びとは、あきれました。
「平氏は、まるで貴族のようなことをやっている」
　清盛が娘を天皇にとつがせて、親戚関係をつくり、外戚になろうとしたことは、ちょうど藤原氏のやっていたことと同じだったのです。
　貴族のようなはなやかさを求めた平氏は、そのために、おうぼうなふるまいもいくつかありました。
　摂政藤原基房の行列に出会った平資盛が、礼儀を失った行動をしたのが、そのひとつです。しかも、それ

をとがめられて、はずかしめを受けた資盛のことを、父重盛が知るとかんかんになり、家来を使って、基房に乱暴をはたらいたということです。

●宋との貿易

　平氏が栄えたことの理由のひとつに、宋との貿易で、利益をあげていたことがあります。
　遣唐使が廃止になった894年から、日本は鎖国のように他の国と貿易をおこなっていませんでした。こっそり一部の者たちが中国と密貿易をやっている状態でした。しかし、清盛は、どうどうと貿易をおこないました。

宋の船が兵庫の港に入ってきたとき、清盛は、出家して法皇になっていた後白河法皇を、福原（神戸市）にある清盛のりっぱな別荘にまねきました。
　そのころ、天皇家の人びとが外国人と直接会うようなことは、禁じられていました。ところが清盛は法皇をまねいて、宋の人に会わせました。清盛は、古いしきたりなどにはしばられない、自由な心をもっていたからです。
　宋との貿易をさかんにするために、大輪田の泊に、石を積んで人工の島をきずき、永久につかえるようながんじょうな港をつくりました。いまの神戸港のもとにあたる港です。
　この港をつくるときにも、こんな話が残っています。
　工事をするときには、人柱といって、工事の安全をいのって、生きた人をいけにえとして水に沈めるならわしがありました。
　しかし清盛は、人間のかわりに、お経の文字をほった石を沈めさせました。人びとの不安をとりのぞきながら少しずつ新しい考えにあらためていったのです。

●はん栄と滅亡への道

　後白河法皇のひきたてによって、出世をしてきた清盛でした。しかし、しだいに、ふたりは反目しあうように

なりました。そして、この対立は、平氏を日ごろよく思っていなかった貴族たちを結びつけていきました。
　1177年、京都の東山の鹿ヶ谷で、後白河法皇の近くに仕える者たちが、平氏をたおす計画をたてるという事件が起こりました。密告によって、ふせがれましたが、法皇と清盛の対立は、ますます大きくなっていきました。
　また、その2年後に、清盛の子重盛が亡くなったときのことです。法皇が重盛の領地を、ぜんぶ取りあげてしまいました。これに怒った清盛は、法皇をとじこめて、院の政治をたすけていた者を次つぎに処分しました。
　しかし、このように清盛が法皇と対立すればするほど、

平氏に反感をもっていた者たちとのみぞは深くなっていくばかりでした。

　60歳をすぎた清盛は、年老いてくるにしたがって、感情をはっきりと顔にあらわすことが、おおくなりました。

　高倉天皇にとついで7年めの徳子が、のちに安徳天皇になる孫を産んだときの清盛のよろこびは、たいへんなものでした。

　1歳になったばかりの皇太子を、屋敷にまねいたときのことです。皇太子が、指でしょうじに穴をあけると、清盛はそのしょうじを、たいせつにしまっておくように家来に命令し、1日じゅう、愛する孫を手ばなさなかったということです。

　皇太子は、2歳にならないうちに、安徳天皇として位につき、高倉天皇は、上皇となって院政をおこないます。そして、政治のすべては、清盛の手ににぎられました。

　しかし、このとどまることを知らない横暴ぶりは、そう長くはつづきませんでした。1180年、ついに後白河法皇の子以仁王と源頼政が兵をあげたのです。それにつづいて地方の源氏や寺院の僧兵がぞくぞくと立ちあがり、源氏と平氏の戦いの幕がきっておとされました。

　あわてた清盛は、都を平安京から福原に移したりしましたが、成功せず、源氏においつめられていきました。

　ところが、はげしい戦乱のなかで、清盛はひどい熱病にかかって、あっけなく死んでしまいました。
「わしが死んでも供養はしなくてもよい。頼朝の首をそなえてくれ」
　死ぬまえに、こういい残した清盛は、頼朝を平治の乱で殺さなかったことを、たいへんくやしがったということです。
　清盛は63歳でした。願いもむなしく、それから4年ごには、平氏は源氏に滅ぼされてしまいました。
　おごりたかぶった平氏の末路としては、とうぜんのことだったのでしょうか。

> # 源 頼朝
> みなもとの よりとも
>
> (1147—1199)
>
> 勇気と政治力で、日本で最初の武士による政府（鎌倉幕府）をうちたてた源氏のとうりょう。

●雪のなかで父にはぐれて

　冷たい風が吹きぬけていく夕方でした。馬にのった10人あまりの武士が、雪のなかをとぼとぼと進んでいきます。平氏との戦いにやぶれた源氏の武士たちです。源 義朝を先頭に、みんなから少しおくれて、義朝の子の頼朝がつづきました。

　きのう、京の都をのがれてから、馬にのりつづけです。総大将の義朝も家来も、すっかり、つかれきっていました。なかでも、頼朝は、まだ12歳です。いつのまにか、たづなをにぎったまま、ねむってしまいました。

　やがて目をひらいた頼朝は、自分が、父たちからはぐれてしまったことに気がつきました。

　父をさがしながら、近江国（滋賀県）の守山というところにさしかかったときです。とつぜん、目のまえに大

男たちが立ちふさがりました。
「わたしを捕えて、平氏からほうびをもらうつもりだ」
　頼朝がこう思ったとき、ひとりの男がとびかかってきました。頼朝は、さすがに源氏の総大将の息子です。髭切という名刀をぬき、かけ声もろとも、男をきりたおしました。すると、もうひとりの男が、頼朝の馬のくつわをにぎって、馬をとめようとしました。
「無礼者め！」
　頼朝は、ひと声さけぶと、あっというまに男の腕をきりおとしました。男たちは、もう、だれも近づいてきません。でも、ぐずぐずしていてはきけんです。頼朝は、

馬の腹をけって、いっきにかけだしました。
　やがて頼朝は、父たちに追いつきました。ところが、不破関（岐阜県）という関所のある山のなかで、またもやはぐれてしまいました。村の人びとが話しているのをこっそり聞くと、まわりは敵ばかりです。
「このつかれたからだでは、とても、にげきれぬ」
　頼朝は、谷川のほとりで腹をきって自殺しようと思いました。ところが、とつぜん現われたひとりの男に刀をおさえられ、命をとりとめました。
　それからの頼朝は、しばらく父の知りあいのところにかくれたのち、関東へむかいました。しかし、そのとちゅうで平氏の武士に捕えられ、京の都へ送られました。
「まだ12歳でかわいそうだが、生かしておいては、いつかたきをとられるかわからぬ。思いきって殺せ」
　平氏の総大将の平清盛の命令で、頼朝は殺されることになりました。頼朝も、死をかくごしました。
　ところが、命だけは助けられ、伊豆（静岡県）へ流されることになりました。まだ少年の頼朝を見てあわれに思った、清盛の母の池禅尼のなさけで、すくわれたのです。

● 平氏を討つために旗上げ

　伊豆へ流された頼朝の暮らしは、さびしいものでした。

家来は、数人しかいません。そのうえ、平氏一族の見はりの目が光っています。頼朝は、まい日、お経をよんだり書きうつしたりして、心をまぎらせました。

　10数年の歳月が流れ、頼朝は、近くの豪族の娘たちがうわさをするほどの、りりしい若者になりました。

　やがて、幸運がおとずれました。自分をかんししている北条時政の娘の政子と愛しあうようになり、時政にもゆるされて、むすばれたのです。また、政子との結婚で、北条氏を味方にすることもできました。

　そのころ、京の都では平清盛が太政大臣になり「平氏でない者は人間ではない」というほど、わがままな権

力をふるっていました。そのため、平氏をにくむ人たちが現われはじめていました。

1180年、伊豆へ、叔父の源行家が都からたずねてきました。そして、頼朝に1通の書きものをわたしました。後白河法皇の皇子以仁王からの「平氏を討て」という命令でした。

「平氏は父のかたきだ。いつかは討たねばならない。しかし、いまの自分に、その力があるだろうか」

頼朝はまよいました。平氏に追われて、谷川で死のうとしたときのことが思いだされます。戦うからには勝たなければなりません。でも、勝てる自信はありません。政子の父の時政も、首をかしげるばかりでした。

ところが、頼朝がためらっているうちに、思いがけないことがおこってしまいました。京で立ちあがった以仁王と源頼政が、逆に、平氏に討たれてしまったのです。

「平氏は、きっと20年まえにわたしを殺しておかなかったことをこうかいして、こんどこそ、源氏の皆殺しを考えるにちがいない」

頼朝は、もう自分には戦う道しかのこっていないことをさとり、関東の武士たちに使いをだして、ともに戦うことをよびかけました。しかし、武士たちは平氏の力をおそれて、集まってきませんでした。

　頼朝は、あせりました。兵が集まるのをまっていては自分が殺されてしまいます。そこで、思いきって戦をしかけることにしました。
　近くにいる平氏は、伊豆にすむ山木兼隆です。頼朝は敵のゆだんをついて、夜、攻めこむ計画をたてました。そして、祭りの日に、北条時政を大将にしておそいかからせ、兼隆の首を討ちとってしまいました。

● 義経と手をとりあって

　最初の戦に勝った頼朝は、つぎには相模国（神奈川県）石橋山で、大庭景親のひきいる平氏の軍と戦いまし

た。敵の兵は3000人あまり、頼朝の兵はわずか300人です。とても勝てる戦ではありません。

頼朝は、はげしい雨のなかで必死に戦いました。でも、しだいに攻めこまれ、ついに、ちりぢりに山へにげこまなければなりませんでした。

つぎの日、山にかくれていた頼朝は、景親の家来たちに見つかりそうになり、いっそ自害をしようとさえ思いました。ぶじに安房国（千葉県）までにげのびたときは、ほんとうに、命からがらでした。

鎌倉時代に書かれた『源平盛衰記』には、頼朝が自害しようと思ったとき、敵の梶原景時が、頼朝がかくれているのを知りながら見のがして助けたのだ、と伝えられています。景時は、のちに頼朝に重く用いられました。

安房国で北条時政とおちあった頼朝は、その土地で、自分に味方してくれる武士が集まるのをまちました。

千葉介常胤、上総介広常など力のある武士がかけつけてきました。石橋山の戦いには負けても、平氏をおそれない頼朝の勇気は、関東にとどろいていたのです。平氏の武将まで味方にくわわり、またたくまに関東武士の総大将になった頼朝は、大軍をひきいて、源氏とゆかりの深い鎌倉へ入りました。

いっぽう、頼朝が立ちあがったことを知った平清盛は、

孫の平維盛を大将にした大軍を、関東へむけてきました。
いよいよ、頼朝にとって初めての大きな戦いです。
「父のうらみをはらすときがきた。負けてなるものか」
頼朝は、富士川（静岡県）をはさんで、平氏軍とにらみあいました。
その夜のことです。頼朝に味方する甲斐国（山梨県）の武田信義の軍が平氏軍のうしろにまわろうとしたとき、近くの沼に集まっていた無数の水鳥が、いっせいに飛びたちました。おどろいたのは平氏軍です。
大きな羽音を、いっせいに攻めてきた源氏軍とまちがえた平氏軍は、あわててにげだしてしまいました。

なにも戦わないうちに大勝利です。頼朝は、運にめぐまれた自分を見つめて、さらに、ふるいたちました。
　こうして富士川の戦いに勝ったつぎの日、もう1つ、うれしいことがかさなりました。
　頼朝の陣に、まだ一度も会ったことのない、ひとりの若者がたずねてきました。奥州平泉（岩手県）の藤原秀衡のところにかくれていた、弟の義経です。母親はちがっても、ほんとうの兄弟です。
「おお義経か。よくきてくれた。わたしが兄の頼朝だ。力をあわせて平氏を討とう」
　頼朝は、なみだをこらえながら義経の手をとって、一日も早く平氏をほろぼすことをちかいました。

●心にえがいた鎌倉幕府の建設

　富士川の戦いに勝利をおさめた頼朝は、初めは、義経とともに、そのまま平氏の軍を追って京へ攻めのぼることを考えました。でも「もっと力をたくわえてから」という家来たちの意見を聞きいれて、鎌倉へひきあげました。そして、家来たちにほうびをあたえて、源氏の力をさらにかためました。
　頼朝が、鎌倉に館を建てて、初めは関東の武士、やがては国じゅうの武士に命令をくだすようになることを考

えたのは、このときです。まず、武士をとりしまるための侍所をおいて、その第一歩をふみだしました。
「頼朝の首を見ないで死ぬのがざんねんだ。すぐ頼朝を討って、その首をわが墓にそなえよ」
1181年、平清盛が、このように言いのこして死にました。そして2年ごには、頼朝のいとこの源義仲が京に攻めのぼり、清盛を失ったあとの平氏を都から追いだしてしまいました。
ところが、その義仲を、頼朝が討つことになってしまいました。平氏を追いはらった義仲は、都で、兵糧を集めるために乱暴をくり返し、朝廷や都の人びとを困らせ

るようになってしまったからです。義仲を討って朝廷を助ければ、朝廷の力を味方にすることもできます。
「義仲を討て」
　頼朝は、弟の義経と範頼を京へのぼらせ、京からにげだした義仲を、近江国（滋賀県）で討たせました。
「西へくだって平氏を討て」
　勢いにのった頼朝は、つぎには、範頼と義経を西へむかわせ、壇ノ浦で、平氏をほろぼさせました。
　ふたりの弟が活躍しているあいだ、頼朝は、鎌倉を一歩もはなれませんでした。後白河法皇が、貴族や武士たちを争わせて、そのすきに、天皇の力をもり返そうと考えているのを知っていたからです。
「朝廷と親しくしすぎてはいけない。みだりに、朝廷から位をもらってはならぬ」
　政治家としてもすぐれた力をもっていた頼朝は、朝廷の考えをみぬいて、家来が朝廷から位やほうびをもらうことも禁じていました。
　ところが、義仲や平氏を討ってのち、後白河法皇とすっかり親しくなった義経は、頼朝のゆるしをえないまま朝廷から位をもらってしまいました。
「朝廷から位をもらえば、朝廷にしたがわなければならなくなる。義経には、それがどうしてわからないのだ」

　頼朝は怒りました。やがて義経が平氏のほりょをつれて鎌倉へ向かってきても、冷たく追い返しました。自分の力で武士の統一と支配を望んでいた頼朝は、たとえ弟でも家来にはかわりはない、新しい政治のじゃまをするものは弟でもゆるさない、と考えていたからです。
「富士川の戦いのときは、手をとりあって泣いたのに」
　頼朝は、心のどこかで、初めて義経と会ったときのことを、思いだしたにちがいありません。でも、京で人気を集めた義経が、自由にふるまいすぎていることを知ると、ついに「義経を討て」という命令を後白河法王にださせて兵をおこしました。そして、京をのがれた義経の

ゆくえがわからなくなると、つぎには、朝廷のゆるしをもらって、全国に守護と地頭をおきました。
　義経をさがしだすために、また、各地ににげのびている平氏の反乱をふせぐために、というのが、守護、地頭をおいた理由でした。しかし、源氏の力で国の政治をおこなうことを考えはじめていた頼朝は、むほん人をとりしまる守護と土地をとりしまる地頭をおいて、自分の命令が全国にゆきわたるようにすることを、ひそかにねらったのです。
　1189年、奥州の藤原秀衡のもとにかくれていた義経は、秀衡の子の泰衡に殺されてしまいました。すると、頼朝は大軍を奥州へ送り、義経をかくまった罪で藤原氏をほろぼしてしまいました。

●征夷大将軍となって

　1190年、頼朝は京の都へのぼりました。
　伊豆に流されてから、およそ30年、平氏を討つために立ちあがってからでも、はやくも10年がすぎていました。
「苦しいことばかりだったが、これで天下を支配できる」
　43歳の頼朝の心は、源氏を柱にした武家政治の建設を夢にえがいて、あかあかともえはじめました。
　1192年、頼朝は朝廷から征夷大将軍に任じられ、い

よいよ、それまでの朝廷にかわって、武士による政治をおこなうようになりました。そのご、およそ150年つづいた鎌倉幕府のおこりです。

　征夷大将軍となり「鎌倉どの」とよばれるようになった頼朝は、幕府のなかでは独裁者のような権力をもちつづけました。しかも、国ぐにの武士を統一する力は、たいへんすぐれていました。

　自分が天下をとるのにじゃまになる義仲や義経らを殺したのも、頼朝が政治家であったことを物語るものです。

　征夷大将軍になって7年目に52歳の生涯を終えた頼朝は、いま、鎌倉の鶴岡八幡宮の近くに眠っています。

> # 源 義経
> （みなもとの よしつね）
>
> （1159—1189）
>
> 平氏をほろぼして父のかたきをうちながら、兄に追われて30歳の生涯を閉じた悲劇の武将。

●兄と平氏を討つちかい

「わたくしは、頼朝どのの弟の義経です。平氏と戦うために、奥州平泉（岩手県）からかけつけました。ぜひ、兄上に会わせてください」

　1180年の秋のことです。富士川の戦いで平氏をやぶった源頼朝の陣へ、ひとりの、りりしい若者がたずねてきました。しかし、頼朝の家来たちは、義経のことをまったく知りませんでした。そのため、義経を敵ではないかとうたがい、頼朝に会わせようとはしませんでした。

「子どものころの名は、牛若です」

　義経の大きな声は、奥にいる頼朝にとどきました。

　やがて、義経は、頼朝のまえにとおされました。まだ一度も会ったことはありません。でも、母親はちがっても、血を分けた兄です。

「亡き父上に、お会いできたような気がいたします」
「おお、牛若か、よくかけつけてくれた」
　義経は、兄のやさしい声を聞くと、熱いなみだを流しました。そして、兄といっしょに力をあわせて平氏を討ち、平氏に殺された父や上のふたりの兄のかたきを討つことを、心にちかいました。

　幼いころの名を牛若といった源義経は、1159年に京都で生まれました。父は、源氏の大将、源義朝です。
　しかし、義朝は、牛若が生まれたつぎの年に、平氏と争った平治の乱にやぶれて殺されてしまいました。そし

てこのとき、父といっしょだった義平、朝長、頼朝の3人の兄のうち、義平、朝長も命をおとし、12歳の頼朝は伊豆へ流されてしまいました。

源氏がやぶれたことを京で知った母の常盤は、手もとで育てていた幼い3人の子といっしょに京からのがれました。3人の子は、今若、乙若、牛若です。

ところが、まもなく常盤は、年老いた母が平氏にとらえられたことを知りました。自分たちが、いつまでもかくれていると、母が殺されてしまうかもしれません。常盤は、子どもたちをつれて、平氏の大将平清盛のもとへ行きました。

「わたしは、どうなってもかまいません。どうか、年老いた母と、幼い子どもだけは助けてください」

常盤は、なみだを流しながら、清盛にたのみました。すると、清盛は、常盤のたのみを聞きいれました。しかし、そのかわりに常盤は、心のなかではにくくてしかたがない清盛に、つかえなければなりませんでした。また、今若と乙若はべつべつの寺へ送られ、牛若も、6歳をすぎたら寺へあずけられることになってしまいました。源氏がふたたび力をもり返すことをおそれた清盛に「今若も乙若も牛若も武士になってはならぬ」と、いいわたされたのです。

●鞍馬山で剣術のけいこ

　10数年の歳月が流れ、牛若は、京の都の北にある鞍馬山の寺で、僧になる勉強をつづけていました。

　そうしたある日、義経は、ふとしたことから、自分が源氏の大将の子であることを初めて知りました。父や兄が平氏に殺されたことも、伊豆に兄の頼朝がいることも知りました。

「いつかきっと、父や兄のかたきを討たなければならぬ」

　義経は、平氏をたおすことを、心にちかいました。そして、僧になる勉強をやめて、ひそかに、剣のけいこを

始めました。夜、そっと寺をぬけだして鞍馬山の奥の僧正が谷へ入り、木や岩を平氏の武士と思って、木刀をふりおろすのです。

「僧正が谷で、天狗が剣術をしているそうだ」

しばらくすると、鞍馬山の人びとのあいだに、こんなうわさが広まりました。牛若が、京の五条の橋で大男の武蔵坊弁慶をうち負かしたと伝えられるようになったのも、このころのことです。

しかし、いくら剣術のうでまえがあがっても、牛若ひとりでは何もできません。そのうえ、牛若が鞍馬山で剣術にはげんでいることが知れわたれば、いつ、平氏に殺されてしまうかわかりません。

「奥州平泉に、源氏に味方する藤原秀衡がいる。秀衡のもとに身をよせて、平氏を討つ日がくるのをまとう」

牛若は、奥州へ金を買いに行く商人たちにまぎれて、京をぬけだしました。そして、とちゅう、尾張国（愛知県）の熱田神宮で成人になる元服の式をあげ、名を源九郎義経とあらためました。このとき義経は、15歳でした。

秀衡は、奥州でいちばん大きな力をもつ豪族です。秀衡にあたたかくむかえられた義経は、奥州の野山をかけまわって、さらに武術をみがきました。弁慶を京からよんで家来にしたのは、こうして武術にはげんでいた、

17歳のころだと伝えられています。

● 岩山をかけおりて平氏を海へ

1180年の10月、義経は、伊豆にひそんでいた兄の頼朝が、平氏を討つ兵をあげたことを知りました。
「兄上が立ちあがられた。ついに平氏を討つときがきた」
平泉に身をかくして6年、すでに21歳のたくましい若者に成長していた義経は、もう、いてもたってもいられません。秀衡に、数百人の家来をつけてもらうと、馬にむちうって、兄のところへかけつけました。富士川の戦いに勝った頼朝となみだを流しながら手をとりあった

のは、このときです。父を亡くしてから、すでに20年がすぎていました。

　富士川の戦いから頼朝とともに鎌倉へもどった義経は、3年後の1183年、京へ攻めのぼりました。

「京から平氏を追いはらってくれた源義仲が、京の町で乱暴をはたらいている。義仲を討て」

　朝廷から頼朝へ命令がくだり、義経と兄の範頼が頼朝のかわりに、義仲を討つことになったのです。

　つぎの年の1月、敵が守りをかためた宇治川をわたって、一気に京へ攻め入った義経の軍は、またたくまに義仲の軍を追いちらしました。そして、北へむかってにげようとした義仲を、琵琶湖のほとりで討ちとってしまいました。

「戦いに勝ってよろこんでいるときではない。西へ進め」

　義仲を討った義経は、そのまま兵をさらに一ノ谷（神戸市）へむけました。力をもり返した平氏の軍が一ノ谷に集まって、京へ攻めのぼろうとしていたからです。

　しかし、一ノ谷は、まえは海、うしろは岩山です。どんなに義経が強くても、かんたんには勝てそうにありません。考えをめぐらした義経は、兄の範頼とふたてに分かれて、平氏の軍をはさみうちにすることにしました。

　1184年2月7日、ようやく東の空が明るくなりはじ

　めたころ、義経は、目もくらむような岩山の上に立っていました。はるか下には、平氏の陣が見えます。平氏の武士たちは、まだ、ぐっすりねこんでいます。
　やがて、夜がすっかり明けたころ、海ぞいに進んだ範頼の軍が、平氏の陣に攻めかかりました。すると、そのとき、義経の口が大きく開きました。
「それっ、われにつづけ！」
　馬にむちをあてた義経は、そそり立つ岩山を、いまにも馬といっしょにころがり落ちそうになりながら、おりはじめました。大きなかん声をあげて家来もつづきます。
　まさか、けわしい岩山から敵が攻めてくるとは……。

おどろいたのは平氏です。あわてふためいた平氏の武士たちは、われ先に、船で海へにげだしてしまいました。

●しおの流れを利用した壇ノ浦の戦い

　平氏を海へ追いやった義経は、京へもどりました。そして、戦いに勝ったほうびに、朝廷から検非違使という位をもらいました。自分が朝廷から高い位をもらったことを、鎌倉の兄頼朝もきっとよろこんでくれると思うと、うれしくてしかたがありませんでした。

　ところが、反対に、頼朝を怒らせることになってしまいました。頼朝は、これからは武士の力を中心に国の政治を進めていく計画をたて、そのためには朝廷からほうびなどもらわないほうがよい、と考えていたからです。義経は、頼朝から、戦いに勝ったねぎらいの言葉ひとつももらえないまま、それからの1年を京ですごさねばなりませんでした。

「平氏を追わせた範頼が苦戦している。四国の屋島へ兵をむけて、平氏を討て」

　義経のもとへ、頼朝からの使者がとどいたのは、1185年2月のことです。義経は、一ノ谷の戦いのときと同じように、またも平氏の軍をおどろかせる戦法を考えて、摂津国（大阪府）の渡辺の浜から船をこぎだしました。

　このとき、海はあらしでした。義経は、わざと、あらしのなかの海をわたり、敵がゆだんしているあいだに屋島へ攻めかかることを考えたのです。阿波国（徳島県）へ上陸した義経は、夜どおし馬を走らせて、屋島へかけつけました。

　しかし、義経の兵はわずかです。まともな戦いでは勝てません。義経は、まず、源氏の白旗をたくさん立て、近くの村に火をつけ、大軍がおしよせてきたように敵に思わせました。そして、あわてた敵が船にのりうつって海へのがれはじめたところへ攻めこみ、敵の陣に火を放って屋島を占領してしまいました。

頭をはたらかせて、すばやく動いた、義経の大勝利です。船にのりこんだ平氏は、壇ノ浦へにげました。
　1185年3月24日、いよいよ、源氏と平氏の最後の戦いが始まりました。海上、壇ノ浦の戦いです。
　船の数では、源氏のほうがまさっていました。でも、船の戦いは、平氏のほうがすぐれています。義経は、戦法を考えました。そして早鞆ノ瀬戸（関門海峡）のしおの流れが1日に2度かわることをたしかめると、源氏の船を島かげに集めて、いかりをおろさせました。しおの流れを利用して平氏におそいかかることを考えたからです。
　西から東へのしおの流れにのって平氏の船が攻めてきても、源氏の船は動きません。矢を射かけるばかりです。
　やがて、しおの流れがかわりました。義経がまっていたのはこのときです。義経の号令でいっせいにこぎだした源氏の船は、しおの流れにのって敵の船におそいかかり、その日のうちに平氏をほろぼしてしまいました。

●兄に追われて悲しい最期

「ついに平氏を討ったぞ。父や兄のうらみをはらしたぞ」
　長いあいだの願いを果たした義経は、胸をはって、京へがいせんしました。そして数か月ごには、壇ノ浦でほりょにした平宗盛、清宗らをつれて、鎌倉の頼朝のと

ころへむかいました。
　ところが、鎌倉へは入れてもらえず、とちゅうから京へ追いかえされてしまいました。一ノ谷の戦いのあと朝廷から位をもらったことへの頼朝の怒りが、まだ、とけていませんでした。そのうえ義経の家来が、自分の思いどおりに兵を動かす義経への不満から、義経には頼朝へのむほん心があるといううわさを、広めていたからです。
「兄上は、何を怒っておいでなのだろう。わたくしには、兄上にはむかう気などないのに……」
　義経は、暗い気持ちで京へもどりました。すると、それからまもなく、頼朝から義経暗殺の命をうけた土佐房

昌俊におそわれる事件がおこりました。

頼朝から命をねらわれるようになっては、しかたがありません。義経は、兄に矢をむける決心をしました。ところが、およそ1か月ごには、義経のほうが、京をにげださなければなりませんでした。朝廷から「義経を討て」という命令をもらった頼朝の大軍が、北条時政を大将にして京へ攻めのぼってきたのです。

家来とともに京をのがれた義経は、九州をめざして、難波（大阪）から船をだしました。しかし、あらしにあって船は浜へ吹きもどされてしまいました。

義経は、九州へわたるのをあきらめ、山伏すがたに身をかえて、さまざまな危険なめにあいながら北へむかいました。そして、およそ2年ごに奥州の藤原秀衡のもとへたどりつきました。加賀国（石川県）の安宅関を通るとき役人にとがめられ、弁慶が、白紙の巻物を勧進帳にみせかけて読み、主人の義経を、心でわびながらつえでたたいて難をのがれたと語り伝えられているのは、このときの話です。

しかし、義経には、この奥州が最後の地になってしまいました。義経をかくまってくれた秀衡が死ぬと、頼朝の力をおそれる秀衡の子の泰衡に、衣川のほとりの館をおそわれたのです。

「もう、これまでだ」とさとった義経は、燃えおちる館の赤いほのおをにらみつけながら、刀を腹につきたてました。義経を守ろうとした弁慶は、からだじゅうに矢をうけながら立ったまま死んだということです。

　腹をかき切ったとき義経のまぶたの奥にうかんでいたのは、9年まえに、兄頼朝と初めて手をにぎりあったときのことだったかもしれません。

　義経の生涯は、『義経記』などにしるされ、歌舞伎や能などでもおおく演じられています。それは、義経の30年の生涯が、あまりにも、強く、美しく、悲しいものだったからです。

西行 (1118—1190)

　平清盛と同じ1118年に生まれ、72年の生涯を旅また旅に終わった僧の西行は、平安時代の歌人です。しかし、22歳のときにとつぜん佐藤義清という名を捨てて出家するまでは、鳥羽上皇につかえて弓の名人といわれたほどのりっぱな武士でした。

　武術にすぐれていた武士が、なぜ出家したのか、はっきりはわかりません。ある友人の死を悲しんで仏の道に入った、ある高貴な女性に失恋した、などと伝えられています。

　かみしもを、そまつな衣に着がえた西行は、数年のあいだは京都のまわりの寺や小さな草ぶきの家で暮らし、やがて、奥州（東北地方）へ旅立ちました。そして、歌をよみながら、白河関や平泉、衣川などをめぐり、都にもどってからは、僧の修行をつむために高野山へのぼりました。

　しかし、修行のかたわら、旅にあこがれてたびたび山をくだり、あるときは四国へわたって空海が生まれた讃岐（香川県）をたずね、旅の空の下で歌をよみつづけることだけは、いつになってもやめませんでした。

　西行が、僧だというのに修行にはうちこまず、いつも歌をよんでいると聞いて、高野山の文覚上人は、初めは怒りました。ところが、僧の修行以上にしんけんに歌を作っている西行をひと目見てからは、何もいわなくなったということです。

　1180年には平重衡によって東大寺が焼かれ、その翌年には国じゅうに大ききんが起こり、1185年には壇ノ浦で平家がほろび、西行は世の中の乱れと不安を悲しみました。そして、68歳のとき、平泉の藤原秀衡に東大寺を建てなおす寄付金を

あおぎに、ふたたび奥州への旅にでました。
　この旅のとちゅう、鎌倉で源頼朝と会ったときのこと。弓や歌の話でひと晩をすごした西行は、楽しかった話の礼に、頼朝から銀でつくった猫の置きものをもらいました。ところが、頼朝の屋敷をでるとまもなく、西行はその置きものを、道で遊んでいた子どもに惜しげもなくあたえてしまいました。
　この話は、いい伝えかもしれません。でも、西行は、それほど欲のない心の美しい人だったということです。
　西行は、美しい自然を愛しました。とくに、春の桜と秋の月を深く愛しました。しかし『新古今集』『山家集』『千載集』『聞書集』などの歌集におさめられている数おおくの歌のなかには、人生の苦しみをみつめたものが少なくありません。
　宮廷歌人が身をたてるために歌をよんだのとは異なり、西行は歌をよみながら、いつも自分の心を洗いつづけたのです。

法然 (1133—1212)

「いっしょうけんめいに、南無阿弥陀仏をとなえれば、人間はだれでも、来世で極楽浄土に生まれかわることができる」

源頼朝が鎌倉に幕府を開く少しまえに、このように説く浄土宗がおこりました。法然は、この浄土宗の開祖です。

法然は、1133年に、美作国(岡山県)で生まれました。父は豪族でした。ところが、法然が8歳のときに、同じ土地の領主の一族におそわれて殺されてしまいました。

このとき法然は、母ともはなればなれになったまま、家の先祖の霊をまつる菩提寺に身をかくしました。そして、12歳のときに出家して比叡山へのぼり、最澄が建てた天台宗延暦寺の僧になりました。

父は、死のまぎわに「親の仇を討ってはならぬ。うらみは忘れるのだ」といい残していました。法然は、父のこの遺言を守って、髪をそる決心をしたのです。

法然は、源信が地獄と極楽を教えた『往生要集』を学びながら、ほんとうの仏の道をさぐりました。ところが、比叡山の僧たちは、学問や修行よりも自分たちの利益のための争いに明け暮れ、法然の心をまよわすばかりでした。

「シャカの死ご2000年ほどで仏教がおとろえ社会が乱れると伝えられてきたが、ほんとうに、その時代がやってきたのかもしれない。しかし、このままではいけない」

法然は、17歳で延暦寺をはなれて京都の黒谷に住み、すべての仏教の教えをまとめた『一切経』を何度も読み返して、修行にはげみました。しかし、唐の善導という僧が書いた『観経

疏』を読んでさとりを開くまでには、25年もの長い歳月がかかりました。
　42歳になった法然は、京都の東山に小さな家を建てて住み、町へでて、浄土宗を説き始めました。
「念仏をとなえさえすればよいのなら、こんなありがたいことはない」「法然の教えは、ほろびそうになっている仏教を、きっと救ってくれるにちがいない」
　浄土宗は広まり、法然の名は国じゅうに知られるようになりました。ところが74歳のときに、法然は四国へ流されてしまいました。念仏に反対する僧たちが、浄土宗の念仏の禁止を朝廷に訴えたからです。でも、やがて罪は許され、ふたたび京都へもどってくると、おおくの弟子に囲まれて79歳の生涯を終えました。弟子の親鸞は、法然の教えをさらに進めて、のちに浄土真宗を開きました。

北条時政 (1138—1215)

　北条氏は、桓武天皇の流れをくむといわれた豪族でした。時政は、12世紀に、その北条氏の繁栄のきそをきずいた武将です。
　1159年の平治の乱で源義朝が平清盛にやぶれ、その翌年に義朝の子の頼朝が伊豆へ流されてきたとき、時政は、これをかんしする役につきました。
　ところが、それから約20年の歳月が流れて40歳をすぎた時政は、平氏を討つために立ちあがった頼朝に味方をして、自分も兵をだしました。むすめの政子が、いつのまにか、ふかく愛するようになった頼朝と、むすばれていたからです。
　1185年、3月に平氏が壇ノ浦でほろび、10月に、頼朝と仲が悪くなった義経が兵をあげようとしているうわさを耳にすると、時政は頼朝の代官として京都へ入りました。義経に力をかそうとした朝廷と公家を頼朝になびかせるのが、時政の任務でした。義経は兵を集められず、京都を逃げだしました。
　時政は、頼朝が開こうとする鎌倉幕府の目を全国に光らせるために、後白河法皇を説きふせて地方に守護、地頭の武士を新しくおくことを決め、鎌倉へ帰りました。
　やがて鎌倉幕府が開かれ、時政は、頼朝の義父として大きな権力を自分のものにしました。しかし、61歳になったとき、時政の地位は危なくなりました。頼朝が死に、孫の頼家が将軍になると、頼家の妻の父に当たる比企能員が、それまでの時政と同じように将軍の義父として権力をふるいはじめたのです。
　頼朝が死んだあと、幕府の実権をにぎってしまうことを、ひそかに考えていた時政は、心がおだやかではありません。そこ

で、1203年、時政はついに比企一族をことごとく討ちほろぼしてしまいました。そして、そのつぎの年には、将軍の地位をしりぞかせて伊豆の修善寺にとじこめていた頼家までも、家来に命じて殺してしまいました。このとき頼家は、まだ22歳でした。

　1203年、時政は、頼家の弟で、わずか11歳になったばかりの実朝を、鎌倉幕府の第3代将軍にたてました。

　しかし、時政には実朝を将軍としてもりたてる心など初めからなく、政所別当として自由に政治をあやつり、幕府の実権をにぎってしまいました。これが北条氏の執権政治の始まりです。

　時政は、そのご、こんどは自分の娘のむこを次の将軍にたてることを考えて、実朝を殺してしまうたくらみをしました。ところが、この悪だくみがばれて、逆に自分が鎌倉を追われ、出家したのち77歳で、伊豆でさみしく死んでいきました。

栄西 と 道元
（1141—1215）（1200—1253）

　座禅によってさとりを開こうとする、仏教のひとつの流れを、禅宗といいます。栄西と道元は、この禅宗を日本でおこした、鎌倉時代の僧です。

　1141年に備中国（岡山県）で生まれた栄西は、14歳のころ比叡山にのぼって、最澄が伝えた天台宗の教えを学び始めました。

　しかし、仏教の本をどんなに読んでも満足できませんでした。そのうえ、日本の仏教全体にさえ疑問をもつようになり、27歳のときには半年、46歳のときには4年、2度も宋へわたって天台山へのぼり、臨済宗（禅宗のひとつの派）を学びました。

　宋から帰国した栄西は、まず九州へくだって禅の教えを広めました。ところが、比叡山の僧が朝廷を味方にひき入れて、禅宗が広まるのを妨害するようになりました。

　栄西は『興禅護国論』を書き、禅こそ国を守る宗教だと説いて反論しました。そして、鎌倉へ行って幕府に臨済宗の教えを伝え、鎌倉に寿福寺を建てたのち、京都へのりだしました。幕府が禅宗の教えに心を動かし、栄西の活動をうしろから応援するようになったのです。

　そののちの栄西は、京都六波羅に、僧が修行する道場として建仁寺を建て、若い僧の教育と、臨済宗を広めることに力をつくして、1215年に寿福寺で亡くなりました。74歳でした。

　道元は、栄西が鎌倉に寿福寺を建てた年に生まれました。父は貴族でした。しかし、その父には2歳のときに、そして母にも7歳のときに死に別れ、13歳で比叡山へのぼりました。

　天台宗を学んだ道元は、初め、弘法大師のような位の高い僧

になることを夢見たこともありました。でも、すぐに、僧は自分の出世などを望んではならないことをさとり、建仁寺に栄西をたずねて教えを受けました。ところが、1年もしないうちに栄西に死なれ、師とあおぐ人を失ってしまいました。

1223年、23歳の道元は宋へわたりました。そして、5年ちかく曹洞宗（禅宗のひとつの派）を学んで帰ってくると、数年は京都の深草の寺に住み、43歳のときに越前国（福井県）に永平寺を開いて修行に励みながら、禅の教えを広めました。

そののち、幕府の執権北条時頼にまねかれて鎌倉へ行ったとき、時頼から、寺を建ててやるから鎌倉にとどまるようにすすめられました。しかし、道元はことわりました。たとえ貧しくても、静かなところで修行することだけを望んでいたからです。

道元は、仏教のことばを集めた『正法眼蔵』を書き残し、はげしい修行にたおれて、53歳で病死しました。

運慶 (？―1223)

　仏像をつくる人の事を仏師といいます。運慶は、鎌倉時代初めのころの仏師です。生まれた年はわかりません。父の康慶も、力強い仏像をつくって名を高めた、すぐれた仏師でした。

　運慶は、幼いころから、父の仕事を見て彫刻に心をひかれ、父から仏教の話を聞いて仏をうやまう心を深め、さらに、寺院をあるいて仏教美術の世界にひたりながら、成長しました。

　25歳をすぎたころ、1年がかりで奈良円成寺の『大日如来像』を完成して、仏師の道をあゆみはじめました。ところが、それからまもなく、運慶の心を暗い谷底へつきおとす事件がおこりました。1180年に、源氏と平氏の争いが始まり、平重衡が放った火で東大寺、興福寺が焼けおちて、数えきれないほどの仏像が灰になってしまったのです。運慶は、全部で8巻の法華経を書き写して、悲しみと怒りをしずめました。そして、燃えてしまったすばらしい仏像を思い返しながら、心にちかいました。
「戦乱で失った仏像以上のものを、自分の力でつくろう」

　1185年に平氏が壇ノ浦の戦いでほろび、やがて、源頼朝が鎌倉に幕府を開くと、30歳をこえた運慶は、すさまじいいきおいでのみをふるいはじめました。

　幕府が生まれて武士中心の社会になり、人びとが求めたものは、美しくやさしい仏像よりも、生き生きした男性的な仏像でした。さいわい、運慶が父からうけついでめざしていたのも、血がかよっているような、たくましい仏像です。

　運慶は、幕府の政治をつかさどる北条時政の依頼をうけて、伊豆の願成就院の『不動明王』『毘沙門天』などの像をつくり、

それまでの藤原時代にはなかった、新しい仏像彫刻をきずきあげました。つねに、いまにも動きだすような仏像をつくろうとした運慶は、衣のひだひとつ彫るのにも、いく日も全力をうちこんだということです。

　1203年には、兄弟弟子の快慶とのみをきそって、東大寺南大門の『仁王像』を彫りました。仏の道にそむく者には、ほんとうにおそいかかってきそうな、高さ8メートルの巨像です。また、1208年からは、10数人の仏師をともなって興福寺へ入り、およそ3年のあいだに、日本の仏像彫刻の最高傑作とたたえられるほどの作品を、次つぎに完成させました。しかし、いまは、そのおおくが残ってはいません。

　運慶は、父に学び、父をのりこえました。でも、のちに、法印という僧としての最高の位をさずけられても、父を師としてあがめつづけたということです。

藤原定家（1162—1241）

　日本人に、かるた遊びで最も広くしたしまれている古い歌集に『小倉百人一首』があります。7世紀から13世紀にかけての歌人100人の和歌を、1首ずつ集めたものです。
　藤原定家（ていかともよぶ）は、この百人一首を選んだといわれる、鎌倉時代初めの歌人です。そのころの最高の歌人藤原俊成を父に、1162年に生まれ、幼いときから、歌人になるためのきびしい教育を受けて成長しました。
　早くも16歳のときに、貴族たちが和歌をきそう歌合の会にまねかれるほどになっていた定家は、24歳ころ関白の九条家にめしかかえられました。そして、日本の古い文学や中国の詩なども学びながら、一流歌人の慈円や藤原良経らとまじわっておおくの歌をよみ、またたくまに名の知れた歌人のひとりになりました。
　ところが、1196年に九条家が関白の座を追われたため、34歳の定家も高い官位へのぼる希望を絶たれ、歌もよめないほどの暗い生活がつづくようになってしまいました。宮廷につかえる歌人は、どんなに歌人としてすぐれていても、官位が低くては豊かな生活はのぞめなかったのです。
　およそ5年ののち、定家にふたたび明るい希望をあたえたのは、定家を『新古今和歌集』の歌を選ぶ歌人のひとりに加えた、後鳥羽上皇でした。
「上皇は、このうえなく和歌を愛しておられる。その上皇といっしょに新しい歌集が作れるとは、なんと幸せなことだろう」
　定家は、天皇の位を土御門天皇にゆずったばかりの20歳の上皇によくつかえ、それから4年、その時代の和歌のなかから

約1900首の歌をえらぶしごとに励みました。
　歌をえらぶあいだ、定家は意見のくいちがいで、上皇となんどもしょうとつしました。上皇をどんなに尊敬していても、歌人として自信をもっていた定家は、歌のことでは自分の考えをまげなかったからです。
　そののちの定家は、自分の歌も4000首ちかくおさめた自選歌集を作りました。いろいろな歌集の解説書も書きました。また『土佐日記』『源氏物語』『伊勢物語』『更級日記』などを書き写して、日本の古い文学をのちの世に正しく伝えるしごとにも励み、1241年に79歳の生涯を終えました。
　『新古今和歌集』は『万葉集』『古今和歌集』とともに、日本の３大歌集のひとつに数えられています。『小倉百人一首』は、定家が京都の小倉山の山荘で、びょうぶにかきつらねたものだといわれています。

北条泰時（ほうじょうやすとき）(1183—1242)

　泰時が、まだ9歳だったときのこと。さんぽをしていた泰時の前を、ひとりの武士が馬にまたがったまま通り過ぎました。すると、このことを知った将軍頼朝は、その武士を呼びつけ、馬をおりて泰時に頭をさげなかったことを、強く叱りました。ところが泰時は、いっしょうけんめいに武士をかばいました。これを見て感心したのは頼朝です。「まだ幼いのに、やさしい心をもったやつだ」。頼朝は泰時をほめ、ほうびに自分の刀をあたえました。

　これは、泰時が幼いときからかしこく、源頼朝にたいへんかわいがられたことを伝える話です。

　北条義時の長男として生まれた泰時は、北条氏の力が日の出の勢いでのびていくなかで育ちました。父義時が、祖父時政のあとをついで幕府の執権になったときは、泰時は22歳でした。

　1213年、幕府にそむいた和田義盛を討って、武将泰時の名をあげ、35歳で、幕府の武士をすべてとりしまる侍所別当の位につきました。

　1221年に起こった承久の乱で、さらに名を高めました。武士の力が国の政治をあやつるほどにつよくなったことをなげいた朝廷が、鎌倉幕府をたおすために兵を起こすと、泰時は、幕府軍の総大将として朝廷軍を打ちやぶりながら東海道をおし進み、またたくまに京都を占領してしまったのです。そして、六波羅に京都を取りしまる探題をおき、朝廷も、朝廷に味方をしていた武士も、おさえてしまいました。

　泰時は、急死した父のあとをついで、41歳のときに鎌倉幕

府の3代目の執権職につきました。執権は、強い権力をもつ幕府最高職です。しかし、社会にむかって権力をふるうまえに、連署という、執権を助ける役職を新しくつくり、さらに、裁判や役人の任命などを会議で決めるための評定衆の制度ももうけ、幕府の政治をしっかりと進めていくための体制を固めました。

　また、評定衆たちに命じて、武士の権利、義務、罰則などを51か条に定めた『御成敗式目』（貞永式目）をつくり、武士たちの精神を正させました。この『御成敗式目』は、日本で初めての武士の法律でしたが、そのご長く、武家社会のことをとり決めるときの手本となりました。

　泰時は、18年間の執権職のあいだに、そのご第16代までつづいた、北条氏の執権政治のきそをきずき、1242年に59歳で亡くなりました。人間の道理を重んじた泰時は、朝廷を攻めた罪を、そのごの正しい政治でつぐなおうとしたのだといわれています。

「読書の手びき」

平清盛

平氏一族の武士団が中央政界へ進出のきっかけをつかんだ保元の乱。源氏を破って平氏全盛時代を招来した平治の乱。このふたつの内乱によって、平清盛は49歳で太政大臣になると政府の高位高官を一族で独占し、やがて天皇の外祖父ともなって平氏政権を樹立しました。しかし、おごれるものは久しからず、清盛の死ご数年で、平氏は壇ノ浦の戦いで滅んでしまいました。この平家一門の盛衰は、仏教的な無常感をこめて『平家物語』に語られていますが、こののちの日本の歴史は、源平合戦の延長のように、権力抗争に明け暮れるようになっていきます。したがって、歴史の表にでてくるのは、つねに武士です。しかし、歴史をたずねるときに、忘れてはならないことがあります。それは、武士の栄華があれば、その裏側には、必ず、犠牲となって苦しんだ天皇、貴族、町民、農民があったのだということです。平氏一族に「平氏でなければ人でなし」とまで豪語させた時代が、どんな時代だったのか、深く考えてみることがたいせつなようです。

源頼朝

源頼朝は、父義朝を殺した平家を滅ぼして征夷大将軍となり、鎌倉に幕府を開いて武家による独立政権をうちたてました。でも、その経緯が、あまりに武力的、暴力的であったことは明らかです。宿敵の平氏を討ったことはとうぜんであったとしても、平家との戦いに最も功のあった弟の範頼、義経を殺し、さらに、義経を殺させた藤原氏までも裏切って討ちとってしまいました。その非情さは、おどろくばかりです。頼朝は、決断力にはすぐれていたが人情は薄かったといわれているのは、おそらく事実にちがいありません。しかし、武家社会の歴史をふりかえってみると、肉親や友を抹殺することなど頼朝に限ったことではなく、むしろ、日常茶飯事ともいえる